JN410491

멈춤이 없는 혀

멈춤이 없는 혀

김성자 시집

지성의샘

| 책머리에 |

가난한 날에

이승의 낮과 밤을 살아간다는 것은 참으로 견디기 힘든 일이지만 빛이 있는 한 삶은 아름다움입니다. 좋아해서 늘 곁에 두고 살면서도 마음 편히 다가갈 수 없었던 또 하나의 세계, 험난한 산과 강을 건너 사남매 뒷바라지 마치고 나니 한 갑자(甲子)가 지났습니다.

그동안 가슴 속에서 꿈꾸어 왔고 세월의 희미한 무늬 속에서 지치지 않고 기다리던 시심을 다독여 고희 문턱에서 더불어 생의 남은 한 자락을 이어갑니다.

모든 것이 가난한 사람이라 언어조차 가난합니다. 그와 함께한다는 것은 기쁨인 동시에 고독한 싸움이었습니다.

그럼에도 불구하고 하늘에 고인 눈물의 의미처럼 나뭇잎의 실체의 떨림을, 스치는 바람의 젖은 소리 그 아늑함으로, 나를 통한 그들의 이야기를 모아 첫 시집을 부끄럽지만 세상에 내놓습니다.

가슴이 떨립니다. 그릇이 작아 많은 것 담지 못하였

고, 그 조차도 설익었습니다. 그래서 더욱 안타까움 속의 설렘은 갑절이 되었고 멈춰지지 않는 시업을 어찌할 수 없었습니다.

누군가의 창문을 노크할 때 사랑의 마음으로 문을 열어 주시기를 바라는 마음 가져봅니다.

이 나라에 태어나게 하시고 늘 동행하시는 하나님께 감사드리며 그동안 지도해 주신 선생님들, 격려를 아끼지 않은 시우들께도 지면을 통해 심심한 감사를 드립니다.

2012. 盛夏의 밤에

弘恩 **金星子**

| 차례 |

제2부 서리꽃

제3부 멈춤이 없는 현

제4부 낙엽의 노래

제5부 시래기의 독백

제1부

겨울나무

천만의 칼날 번뜩여도
가지 끝 마를까
혼신의 풀무질하리라

영혼의 꽃

한 번의 섶 자리 불길은
염주빛 싸리나루 흔들던 설한풍에도
사뭇 거침이 없다

타오르던 꽃, 산화의 그날까지
생살 찢는 아픔에도 먼
어느 하늘가의
황톳빛 주름진 세월만 사르는가

어디에서 발원한 시원이기에
원색으로 피어난
계곡 저편의
청수한 그리움이여

그대, 영원히 멸하지 않을
영혼의 방으로 창이 열리면
행여
그 진하던 꽃의 향내 잦을까.

난

빼어난
줄기 속에
옥비녀 사뿐히 꽂혀 있다

살포시 다문 입에
우주는 숨어 있어
님 그려 터질 듯

배시시
네가 웃는 그날

태초의 비밀
향으로 피어나리.

호로하 황포돛배

하늘에 낮달 울음 울어
강물에
서러움 하나
유유히 떠돈다

건너 마을 지구상에
사람 내음이 없는
얼어붙은 하늘로
재두루미 꺼억꺼억
허허로이 날아간다

언제일까
저 장벽 무너지는 소리
그리운 내 형제
얼싸안고 태울 날

붉은 노을만 가득 실어
쓸쓸히 돌아오는
황포돛배.

* 호로하 : 임진강의 옛 이름

청국장

고향에서 달려온 택배
투가리 빛
형님이 나온다

곰팡내도 구수한
바람이 길러 낸 풍미
군불 땐 아랫목
곰삭은 청산의 달로 박혀

예전의 일들이 덩이로 달린
흔들리는 호롱불에
잔물결 인다

그리운 사람 행여 멀어질까
질끈 동여매는
묵은 정이여.

나그네

머물던 허공
산허리 휘돌아 물로 흐르다
한 벌 베잠방이
한 덩이 주먹밥도 챙기지 않고
사립문 나선다

떠났던 이들
살갑게 돌아와도
속진의 숲에는 바람만 일고
아직도 못다 그린 미완의 자화상

세월은 흐르는 듯 그 자리 머무는데
어둠과 빛 사이 갈대로 정처 없다
일렁이는 하늘 끝
아스라이 걸어가는 티끌 하나.

계영배戒盈杯

열정熱情, 그 이름으로
채찍질하고
야망野望,
질그릇에 가득 채운
넘칠까
가슴 타던
젊은 날의 욕망欲望

그대
차가운 눈
흐릿한 내 동공에
입맞춤할 때
채색된 일상
삼 할의 비움에
옷깃 여민다.

* 계영배 : 가득 참을 경계하는 잔(7할 이상을 채우면 밑에 뚫린 구멍으로 새어나가도록 만들어졌음)

징검다리

패랭이꽃 빨갛게
수놓은 시냇가
세찬 물이랑에
이끼 낀 징검돌

새알 같은 조약돌에
물의 노래 새기는
등 굽은 무지개 마음

눈과 비 흘려보낼 때
오는 이 가는 이의 정겨움
부는 바람에도 흔들림은 없다

세월의 그늘에 스러진
여울목의 추억
귓가에 맴도는 마음자리
부석浮石으로 떠돌다
시름시름 그곳에 머무는.

낙조落照

온몸 사르어
한 생을 살고
함지咸池에 머문다

혼신을 다해
마지막 빛살 당겨
산천에 불꽃 핀다

천지간 물, 다
퍼 올려도 끌 수 없는

영원한
성화聖火.

* 함지 : 해가 진다고 하는 서쪽의 상상의 큰 못

로렐라이 언덕

라인 강 맑은 물에
살아 있는 천년의 이야기

굽이치는 물살 길손을 모아
깎아지른 절벽에 흔적 새기고
달빛 일렁이는 언덕 위
돌이 된 소녀
그리움에 눈물지어
흐르는 물도 애잔한 사랑
노래 부른다

어둠을 사르는
고독한 영혼의 별
오늘도 한 점으로 떠도는데
명소를 만든
가난한 문객의 한 자루
붓,
강물보다 푸르다.

달과 박

된서리가 너의 몸을 매질할 때
불꽃 같은 사랑
하얗게 익어지더라

마른 넝쿨에 매달린
창백한 얼굴일 때
너는 구름 벗어 빛으로
내 안을 품었더라

하늘 아래 꽃이었다가
한때는 달이었다가
지금은 화안한 웃음이더라.

꽃과 노인

해 지는 언덕에
무연히 앉아 있는 노인

성큼 걸어간다
파르르 열리는
꽃 속으로

노인을 품 안은 꽃
그림자를 묻는다

구름이 앉았던
꽃 진 자리에
순박했던 세월이
붉은 망자로 누워 있다

예전의 그 언덕엔
꽃은 지고
천고千古를 이은
노을만이 붉더라.

빨랫줄

하늘도 땅도 아닌 것이
심지는 곧아

구름도 때로는 산허리 내리고
바람, 머리 풀어 헤살치건만
젖은 여정 흔들어
교만은 차고 넘쳐도
묵묵히 받아 주는
질긴 인연 저 너머
외로움 닿고

작은 상흔에 조각난 영혼
닫힌 내면 속살 열어
찌든 때 말갛게 헹궈
경계 허문 가슴으로
쏟아지는
햇살에 부서지리.

덤

산을 닮은 촌로村老의
나물 푸는
칡뿌리 손이 눈부시다

한 무더기 또 한 무더기
그 위로 멧새 날면
내뿜는 향기는
담아온 숲 속의 교향악

다정한 눈빛 오가더니
그을린 얼굴에 산목련은 피어
한 움큼의 향이
덤으로 피어난다

주고받는 미소 속에
봄볕은 다사로워
고맙다는 인사말에
거친 손은
청산을 가리킨다.

복수초

하늘 눈짓 한 점에
꿋꿋한 얼음 녹아

흔들려 내뿜는
땅의 입김에

놀란 병아리
부리엔
엽서 한 장

치마도 못 입은 채
명경 빛살에
아미 숙인
소녀여

백치, 상흔에
묵언의 혼 깨워
너의 날을 살고 싶다.

겨울나무

찬란했던 시절의
오만과 방종
혹독한 바람의 매질에
살점 찢겨 비우리라

차갑고 긴 밤
뼛속 후비는 고독에도
절규를 삼킨 채
얼룩진 영혼 담금질한다

숨차게 달려온 검푸른 생애
흔적 덩그러니 서 있지만
눈부신 약속
등피로 솟구치는 초록등

천만의 칼날 번뜩여도
가지 끝 마를까
혼신의 풀무질하리라.

여행

다른 태양이
떠오를 듯한
그 언덕에

앞서가
서성이는 마음은
까만 밤을 몰아낸다

자유로운 혼이 되고픈
바램은
물 흐르는 대로
구름 머무는 곳의
빗장 푼 바람으로

한낮의 묵직한 침묵 아래
하찮은 깃털
그림자를 찾겠네.

까치 밥

떠나간,
바람만이 에우르던
앙상한 빈터에
흩어졌던 지난날의 이야기
섬섬이 모두어
가슴 열어 기다린다

오래 전부터의
하늘의 언약이듯 그렇게
가을 눈빛으로 익어갔다

뜨겁게 타오르던 깊은 곳
단청빛 영혼 담아
열락의 기꺼움으로
그대 안에 숨쉬기를 갈망하기에

달빛 배인 낭아
삭풍의 언덕에서
또 하나 결 고운
지상의 풍경이고저.

그 나라

하늘 약속 손에 쥔
마른 생生이 흔들린다

한 생을 다해도 못다 연
비밀의 문

가까이에 멀리에
그 나라 이야기

영원을 찬미할
존귀한 묵시

등 떠민 바람에
촌음이 안타까워

정금 같은 꽃씨 하나 심고저
척박한 땅 기경하러 간다.

연주자

나는
산비탈에 버려진
나무 등걸
바람마저 피해 가는
벌레들의 거처

어느 날
당신의 미세한 손끝에
억만 세포는 하늘을 날고
천만의 피돌이 바다를 가르는
소리 소리로
아— 나는 태어났습니다

당신은
나의 연주자
오월 장미의 뜨거운 숨결을
흐르는 시냇물의 속삭임으로
작은 뜰을 지나 푸른 광장을 달려
닫힌 귀를 열어 주는
영혼의 울림이어라

차가운 껍질을 깬
환희의 소리여
꺼지지 않는 영원의 불꽃으로
감동으로 하늘을 열고
향기로 땅을 재우는
나붓한 휘나레 되게 하소서.

제2부

서리꽃

짧은 순간
꽃으로 왔다지만
서럽지 않아
온밤 길어
별을 노래하리라

서리꽃

소리 없이
백의白衣 형상으로
잠시 머물다
속절없이 떠나리라

빛으로 오실 그대
길목에
실비단 늘어놓은
마중물인 것을

밤새 이슬 빗은
영혼의 빛이던가
천상의 꽃이던가

짧은 순간
꽃으로 왔다지만
서럽지 않아

온밤 길어
별을 노래하리라.

* 마중물 : 펌프에서 물이 잘 나오지 아니할 때 물을 끌어올리기 위하여 위에서 붓는 물

눈은 오는데

액자 속 작은 잔영의
신음소리 들었는가

영욕榮辱의 더께 위
하얀 밀어
눈부시다

죽어 다시 핀
또다시 사루어 피는

어우렁더우렁
홍진紅塵의 슬픔
어른다

가난한 날의 수인囚人은
발자국 남길 수 없으니.

낙동강아

그늘진 납빛 아래
단장斷腸의 자락 위로
떠밀려 간다

우수의 강바람
칠백 리 휘돌아
핏빛 노을 설움 쏟고
시체의 물결 헤치며 건너는
자유 품은 넋이여

반백 년
청동의 침묵으로
젖줄 넘실대는 푸른 별밭
도도히 흐르는 강이여

붉은 갈대꽃 분노의 자국
화석으로 흔들리는데
그날의 아픈 기억
잊으려 마라
봇짐 진 사나이 손사래 친다.

무겁지 않은 짐

내려놓겠습니다
아무리 지고 있어도 무겁지 않은

잊어버리겠습니다
앞모습 예쁘고 뒷모습 더 고운

떠나보내겠습니다
눈에 넣어도 아프지 않은 만큼만

서툰 도공이 빚은
눈 돌릴 수 없는 질그릇

깨질까 부서질까
밤을 모르는 우매한 사랑.

시인의 무덤들이 사는 마을

–시비공원에서

살아서 죽어서도
업의 끈 놓지 못한 이들
모여 사는 마을에
시는 강물처럼 흘러

탈고 못한 한 줄
하늘자락 부여잡고 무덤가 거닐다가
잡초 뽑아
물 길어 한 그루 심으면
별 내려 어둠 사르고
향불처럼 타오르는 시향

천암만석千巖萬石에 새긴 노래
달빛 속에 일렁이면
바람, 허리끈 풀고
천치처럼 누웠더라.

영면永眠

꿈꾼다
그 사내
푸르렀던 날
앞만 보고 치닫던 불꽃 속

달콤한 향에 취했나
뒤척이지 않는다
가지 끝에 매달린 시간 위에
망각의 꽃이 떨어진다

검게 물든
방랑의 밤
긴 꼬리 유성 하나
깊고 넉넉한
품으로 사라진다.

대가족

물의 노래 고웁고 풀향기 그윽한
송사리 바글대는 안전지대
그곳으로 물놀이 간다

열째야, 너무 깊은 곳은 위험하다
셋째는 할아버지 등 긁어 드려야지
둘째는 할머니 부축하고
형, 저기 좀 보아 먹거리 천지야
즐거운 가족의 물장구에 햇살 덩달아 춤춘다
엄마, 배고파
아빠의 휘파람은 간식을 알리는 신호다

산아제한이 없는 청둥오리 공화국엔
독거노인이 없다
마음에 감기 앓는 이
그림자도 버리는 이 없다

오순도순 정겨운 뜨락으로
종아리 걷어 올리고
옛 풍경 속으로 들어가면
고향집 봉당에 놀던
아련한 노을이 뒤를 따른다.

목련

얼음 갈라지는 소리에
마법 걸린 듯 호롱불 밝힌다
향낭 흔들고 달려오면
뽀얀 버선발로 맞으리라

꽃잠, 수줍은 하얀 멍울
징거맨 앞섶 풀어
애끊는 밀어, 열꽃으로
떨림의 밤 어르고 나면
속곳으로 터친 울음

바람 끝에 흔들리는 설운 속내야
푸른 날개에 가리고
순결의 넋
천상으로 침묵한다.

별

별이 죽어간다

아마도
치마폭에 주어 담던
순이가
죽어서일 게다.

어떤 고백
–바퀴蟲의

당신의 태만, 탐욕을
사랑합니다
그것은 찰진 나의 생명

당신의 어둠의 장막을
더욱 더 사랑합니다
그것, 오직 나의 생존법칙

빛살, 장벽으로 밀치고
유혹, 단것을 탐닉하는
닫힌 자의 풍속도

당신의 게염 베어내고
습성의 그루터기 뽑아내
맑은 눈물 흘리는 날

아름다운 지구 마음에 담아
검은 가슴
태곳적으로 돌아가리다.

* 게염 : 탐내는 마음

능소화

한 시절 기다려도
오지 않아
망부석 길섶에서
발돋움하지만

가녀려 어찌할 바 몰라
타인의 등에 기대어
불타는 여름날을
애증으로 사른다

응혈로 낳은 찢기운 가슴에는
벙글던 입술조차
한 서린 핏빛이다

노을 맞닿은 강 언덕으로
마지막 연서를 쓰는
너는, 낭자한 혈통.

늙은 호박

그 진한 여름
맨몸으로 구르고 굴러
두엄 밭 신비를 익혔습니다

어둠의 질곡에서
내밀의 아픔
옹골차게 밀어 올려
푸른 꿈을 키웠습니다

구름 벗겨 차오르는 만월까지
무탈을 빌고 또 빌던
힘겨웠던 세월

달을 품은 한 줄기 빛
휘장 갈라
속곳을 풀었습니다

긴 터널 헤쳐 나온 성체들
찬연한 후광後光입니다.

헛바람

눈 내린 들판에
보리밭
마음이 들떴다

벙거지 눌러 쓴 할아버지
초록 이랑을 밟는다
아들의 아들과 함께

시방이 때란다
밟혀야 쑥쑥 자란다
헛바람 들지 않게
꽉꽉, 밟아야 하느니라

손주의 머리 위에
활짝 웃는
누우런 보리 이삭.

단추통

서녘 하늘에 걸린
침몰된 만월, 상념의 바다
무명의 어둠 속에서
한마음으로 노래한다

한 점 빛 없는 좁은 공간
아슴히 가슴 아려도
늣 등에 기름 부어
꽃으로 피어날 꿈꾼다

목마름의 긴 세월
꽃은 피고 지는데
눈물, 강둑을 넘어
어느 만큼일까
아린 속내로 드러누워

고운 이 작은 가슴에
옷깃 여밀 별이고저
기우는 달 부여잡고
기다리고 기다린다.

잃어버린 이름

그 옛날
내 이름은
사랑과 평화의 새
명예로운 때가 있었습니다

먹이에 길들여져
잃어버린 그 이름
뒤뚱이는 모습에
이제 사람들은 새라 부르지 않습니다

꿈을 항해하듯
하늘 끝 날며
벼 거두어간 들녘에
입부리 조아리던 때가 그립습니다

구구구…
농부의 넉넉한 여유와
들판 허수아비의 해학
아지랑이 낭창낭창 하던
그때로 돌아가고 싶습니다.

고추꽃

별 내려
손짓해도

청향 빛
쉼 없이 흘러도

외면함은
작고 가난함 때문인가

굳은 결기 아는 이 없어도
외롭지 않아

상흔의 골에
홍등 듬뿍 밝히고저

사려문
순백의 의지여.

갈 곳 없는 고양이

혼신을 다해 밀고 당겨도
열리지 않는
무심한 철밥통

아픔의 그늘
외면하고
가슴 열지 않는다

하루를 열흘인 양
촌각을 살라도
가로막힌 인정의 벽
어딜 가도
설 땅은 없다

잿빛 형상의 유체이탈
도시의 하늘을
밤새도록 채화한다.

기다리는 마음

"내일 가겠어요."
순간
내일은 오늘이 된다
설레임은 어둠을
하얗게 몰아내고
보름달로 보이는 얼굴

이슬 내린 첫 물 길어
굴뚝에 연기 오르면
삶의 무게 가뭇없고
메마른 대지에 피는 꽃

오지 않는데
뜬금없이 들리는 발자국
재잘재잘 반가운 목소리
쉼 없이 들려오는
현관 벨 소리

애꿎은 귀만 의심한다.

살기 좋은 서대문

한 마디 호령에 인왕산 호랑이 절하던
예藝와 지智가 천년을 이어온
청명한 땅

독립투사 얼룩진 핏물
홍제천 맑은 물에 몸 씻고
안산에 올라 만세 부르니
백련산 인왕산 함께 춤추더라

호랑이 놀던 모아재 고개
나무장수 다니던 길
사통팔방 대로大路엔 꽃등불
젊음의 꿈 용트림하는 희망의 땅

가재 놀던 맑은 물에 물고기 헤엄치고
개울 따라 사람들 웃음꽃 활짝 피니
억만년 이어질 사랑 있어
살기 좋은 서대문일레.

* 모아재 : 무악재에 호랑이가 많이 나타나서 고개를 넘는 여러 사람들이 모여서 함께 넘어갔다고 해서 지어진 이름

제3부

멈춤이 없는 현

쏟아지는 빗줄기에 우수는 쓸려
작은 공간 속 장강으로 흐르는
멈춤이 없는 현이여

나도 꽃
-연근

깊은 수렁에서
사리舍利 문 꿈을 꾸며 칼을 간다
그 꿈의 진한 아픔은
새로운 문 열어
시퍼런 선 날로 새긴
연화의 문양

꽃이고픈
그지없는 마음에
진토의 맥이 끊겨도
가뭇없던 종적을 찾아낸
육질의 그 속내는

신열 들뜬 천 날의 밤은 가고
달을 품은 꽃 하나
평온을 이은 숨결이다

해 뜨는 곳에서나
해 지는 곳에서나
눈물을 모르는 무량한
나는 꽃이다.

멈춤이 없는 현

-이명耳鳴

바닥으로
안개 자욱한
샛강이 흐른다
그것은 잊었던 기억의 긴 밀월여행이다

여름날의 투명했던 노래는 먼 여정 돌아
녹슨 살을 뚫어 흔들고
설산을 넘은 바람은 뼈피리를 불며 온다

둥둥 풍물소리 멀어졌다 잦아졌다
무색무취, 무형의 유령 같은
비행의 몸짓

쏟아지는 빗줄기에 우수는 쓸려
작은 공간 속 장강으로 흐르는
멈춤이 없는 현이여.

하현달

바람이 갉은
나뭇잎 하나
천공天空에 서성인다

격랑의 파고에
허리 굽은 유랑아
잿빛 즈믄 눈에
쌓이는 잔설

신부의 가슴이듯
환희에 떨며
은사슬 에우르던 시간마저
시나브로 사라지면

못다 부른 노래 있어
매무새 다듬어
댓잎 이는 떨림으로
짧은 날 계수한다.

꿈夢

물오른 나뭇잎 입술 벙그는
공원의 하오
졸리운 햇살도 비껴가는
세월의 벤치에
오수의 낡은
망상이 일었어라

호접 노니는 화원의
복사꽃 원무에
피어나는 정념
먼 길 석양으로 일렁이면
열사의 꿈 아스라해
허방 짚고 주저앉을 뿐

해 그림자 진 싸늘한 들녘의
꽃순을 그려 본다.

황태의 하루

유영하던 바다는
칼바람 속에
한 생을 마감한다

황량한 언덕의 형틀에서
마지막 피 한 방울
산정山頂을 적시고는
설한풍의 채찍에 의연함은
하늘 뜻 따름이라

아픔의 매듭은 부활의 소망
시린 한직골에서
굽은 등 곧추세워
낯선 바람에
지난했던 사연 얽어
홍의로 비상한다

문풍지 우는 이 한밤
그대, 삶을 사랑하여
침잠하나니.

고희묵상古稀默想

구름 위에서 내려

흐트러진

매무새 여미고

한 치씩 자르리.

풍장風葬

백일홍 흐드러져 속살 드러내면
이끼 낀 적막한 오두막엔
들쥐만 들락인다

막을 길은 없다
살 같은 편린들 허공으로
마디마다 삐걱이는 쇳소리
할퀴는 바람에 자지러져 기둥은 뽑혀
빗줄기에 쓸려가는 피의 호곡에도
침묵할 수밖에 없다

홍안을 송두리째 잠식한 잡초야
검은 흙바람아
비단 같은 생살 물고
나비처럼 날아
바다로 가는가
평온의 땅 꽃밭으로 가는가
만가는 뒤따르고
풀벌레 진혼곡만 처량하다

달빛마저 차가운 허허로운 집터에

들숨 날숨 흔적 없는데
세세연연 살자하던 대들보
삭정이로 드러누워
마지막 바람이 훑어간다.

국화차를 마시며

세월 짙은 다기에
가셨던
꽃 잎 하나 띄운다

작은 우주는
가을을 담은
추녀 빛 그리움이다

그윽한 국향菊香
잃어버린 날의 추억은
곰살스런 햇살로 피어나

가난한 마음
작은 새 되어
당신의 계절이 되어 본다.

더덕꽃

감로수 머금고
함초롬히 고개 숙인
보랏빛 노을

굴곡의 길에서
하늘 밧줄 부여잡고
초유 만들어
근관根冠을 이룬다

천기 지기 합일한
고독이 낳은 은둔의 초인
동방의 혼 영글어
신비한 만만덕滿滿德

기억하는 이 없어도
오직 너만의 사유
태초의 원향 피워
고운 잎 져도 흐느끼지 않는다.

백련지白蓮池

푸른 잎 출렁이며
긴 밤 지새우는 바다
여몄던 가슴에
햇빛이 머문다

태곳적 염원에
날아든 학
천년을 나래 펴고

두 손 모은
하얀 언어에
피어나는 백련화

진흙 속에 피워 낸
고운 마음 닮고파
구름도 바람도 쉬어가듯
자고 가는 곳.

풀꽃

보는 이 없어도
외롭지 않아
화려한 탄성에도
시샘은 없다

늘, 그 자리
수줍어 흔들려도
맑은 눈망울에
구름이 간다

별 뿌리는 밤
유성처럼 영혼을 사르고
금빛 햇살에
생명줄 걸어둔다

몰아치는 강풍이
두렵지 않음은
쓰러져도 일어설
작은 용기 있음이라.

용문사 은행나무

억겁을 떠돌던 별무리
예가 좋아

천만의 깃발
하늘을 어지럽히더니
지상에
소리를 꽂는다

모진 설한풍
법문인 줄 알아

천년이
지나고 또 지나도
푸른 화석
명징明澄할 밖에.

가을비

가을이 옷 벗는 소리
행여
내 님일까

고운 우산 받쳐들고
맨발로 나섰거니

스산한 거리에는
나뭇잎만 나부끼네

속삭이는 빗속에
추억은 흔들리고

호접 한 마리 날지 않는 정원에
차가운 달빛만이
소리 없이 흘러드네.

벚꽃

꿈 같은 사나흘이
우수로 내린다

황망히 떠나야 할 순명이라면
설움까지 덧대어 보내리이다

애틋한 정 은하에 담아
가시는 길 엎드린
항라亢羅 수의壽衣여

그래도 그리움 사무치거든
달무리 진한 울음
내인 줄 아소.

자화상自畵像

분 바르고
머리 빗고
새 옷 입고
폼 재고
그 앞에 섰다

이만하면…

흔들린다
거울 속, 또 하나의 거울이
노려본다

내밀內密한 삿된 마음
하이얗게 질린다.

인연因緣

노변의 비둘기 한 마리
검은 너울 곁에 쪼그리고 앉아
거부할 수 없는 섭리에
깃털을 어른다

한번 맺은 연의
흔들리지 않는 믿음이 이룬
환상의 생애
남은 자 의 몫은
살아온 날 만큼의 슬픔이다

싸늘한 날의 안식처엔
홀로 남은 외로움이 닿고
그네의 휘청 이는 모양새에
지난했던 나의 세월 까지도
더불어 석양빛 에 물든다

깊은 침묵 속에 갇힌
쇠보다 단단한
홀겨 맺은 고리여.

낙엽

정다운 눈빛들
하늘 안고 누워 있다

모습은 달라도
마음 하나 이름 하나

옛정을 기억하며
축배를 든다

빛나던 청춘
조각조각 인각되어

봄날을 꿈꾸는
한 톨 씨앗의 이불이고저.

백발

뽑고 또 뽑아도
무정하게 드러나는 마른
들풀

안간힘 다해
검은 봇물로 막으니
지름길로 오네

멈출 수 없는 흑과 백의
사투 속에서
난분분하는
세월의 꽃.

새가 오지 않는 나무

베란다 한켠
갇힌 자의
애모의 노래는
달빛 타고 산 넘어
초록 숲을 달린다

빛 고운 청자 분
달콤한 유혹은
햇볕 뜨거운 언 땅의
철창 미아

바람아—
두터운 창 벽 밀쳐
계절 잊은 영혼에
신열을 내려주오

또다시 한 날은 가고
가을빛 붉게 어린
늘어진 어깨
귀는 창밖에 나가 있다.

제4부

낙엽의 노래

오늘, 바람에 나부끼어 말없이 구르지만
어디로 가야 하는지를
또 가야 할 이유를 알기에
형체는 사라져도
운행의 나래 속에서
멈춤이 없는
찬란한 노래 부르렵니다

낙엽의 노래

그대 깊은 고통 있어
갈꽃으로 피었습니다
이제 때가 이르매
긴 호흡을 멈춥니다

그대 숨은 사랑 있어
천만의 갈채를 안고
아름다운 날들의 추억은
청 하늘에 걸어둡니다

어둠 속에서 밤을 새우며
수천의 핏줄로 펌프질한
뜨거운 침묵으로
황홀한 춤을 추었습니다

오늘, 바람에 나부끼어 말없이 구르지만
어디로 가야 하는지를
또 가야 할 이유를 알기에
형체는 사라져도
운행의 나래 속에서
멈춤이 없는
찬란한 노래 부르렵니다.

배롱꽃

춤추는 열꽃으로
달 꿈은 깨어나
그 달빛 서러울 때
진홍은 피어난다

몸살난 지열
용수철로 솟아오르면
토해 낸 밀어 빛
길고 진한 사연

낭자한 어린 꽃물
화살로 꽂혀
미친 듯 칠월 하늘
불사를 때면

지는 그리움에
창백한
백일의 진혼곡.

가을 산

비단산 자락에 찬바람이 일면
못다 한 노래
애달파 목울움 운다

그리움에 타버린
가슴 앓던 오솔길
풀벌레 향연의 끝자리엔
햇살 빗긴 바람이 인다

만추晩秋에 무너지는
깃 잃은 산새여
너는 슬픔을 채색한 마지막 잎새인가

생生과 사死의 길목에서
부황 든 떡갈나무
가지마다 사연 걸어
춘절을 숨기고 있다.

아직도 공사중

하 많은 사연 부대껴도
마음은 철부지
검은 망상이 거미줄 친다

어디로 흘러야 바다에 이를지
저 강심江心은 아느니
길 잃은 청맹과니
모퉁이 돌면 보일까

긴 세월 열정으로 질주해도
영근 건 허투의 나이뿐
부유하는 사유
모래 위에 눕는가

서녘 하늘 붉은데
아직도 못다 지은 집 한 채
아득하여
쑥빛 울음 쏟느니.

소녀 가장의 꿈

한강이 내려다보이는
달동네 판잣집엔
삭풍이 문패를 걸고
빗물 받아 마신다

열한 살 미원이
아홉 살 천수가 꿈꾸는
갇힌 자들의 유토피아

강 건너 빌딩군群
너만의 불빛은
목마름으로 출렁이고
별을 헤던 어린 남매는
잿빛 하늘만 우러른다

엄마 아빠의 빈자리
누더기 양탄자에는
푸른 꿈만 살아 있다.

시화호 갈대습지

시공을 넘는 사랑
무르익어
터져나온 양수다

구릉을 넘어
진한 아픔이
굽이굽이 돌아

달 그림자
몸을 푸는
언약의 땅으로 흐른다

마지막 둥지 튼
떠돌이별들 곁곱게 누은
품안은 검은 땅
님의 숨결이다

생명의 보금자리
천추의 혼불이요
갈꽃 하늘 빗는
가이없는 그리움이다.

내 님을 묻으며

떠밀려 간다
백국白菊의 수레가 간다
남은 자들의 상여빛 울음이
들판을 가로지른다

무수한 삶의 편린이
질그릇에서 빠져나와
천여天旅에 오른다

이승을 덮는 첫 삽은
붉은 응얼의
목울음 빛이었다

일상은 매몰되고
저승의 벽 위에
둥글게 말아 올린 봉분엔
싸늘한 낮달이 내려앉아
마지막 술을 마신다

바람이 되랴
돌이 되랴

더는 따라갈 수 없는
비인 가슴으로
빗장 풀린 백설이 난무한다.

서설瑞雪

하늘 곳간
옷고름 풀어
자투리 한 올까지
풀어내는
은백의 물레여

황량한 들판의
아우성 이는
오욕들

설원의 침묵 아래
회한을 씻어
생령하는
별이 된다.

관방제방
–담양에는

그곳에 가면
'죽을 수 없노라'
삼백 무사의 노래가 들린다

자색 안개 자욱한
준열하게 서 있는 태고목
불꽃 같은 눈으로 서로를 격려한다

세월의 앙금 전설에 묻고
무성한 가지 하늘과 내응한다

강풍에 내몰린 바위덩이 밀쳐
또아리 튼 배암의 붉은 혀도
그 기개 위용 앞에 숨을 놓는다

사백의 나이테 각질 속
솟구치는 붉은 수액은
수마를 막으려는 불굴의 의지

선량한 영혼들의 초원 지키고저
오늘도 굽은 등 곧추세워
먹장구름 훑는
푸른 인광燐光이여.

군중 속의 고독

"그 지으신 모든 것을 보시니
보시기에 심히 좋았더라."*

먹이 금지, 포획 허용
가슴 아린 통문은
바람보다 빠르다
몇 알 곡기 구하려
피멍든 부리 조아려도
야멸찬 눈빛
그 천길 벼랑에 선,

구겨진 신문지로 얼굴 감싸고
빈 의자 지키는
애연한 눈빛의 청춘 한 조각
새야,
어찌 너뿐이랴

창공이 너의 의지인 것을
나의 자유 또한 그러함이니.

* 창세기 1장 31절 말씀

꽃

개천가 뚝방에서
꽃을 꺾는다

꽃 하나 꺾고
구름 한 점 보다

한 다발 엮곤
고개 숙인다

꺾인 빈자리에
계절 잊은 아내가 누워 있다

삭힌 그리움 꽃으로 피어나
붉어지는 눈시울

휘어진 꽃대궁에
저녁놀이 곱다.

가을 어느 날에

빨간 우체통에
초대장이 꽂혀 있다

노을 짙어
황홀하게 춤추는
삶의 흔적들

찬연함
대지에 내려놓고
잘 가시오
서로를 보듬는
젖은 눈에 시간이 멈춘다

천리를 달려와 재촉하는
날선 바람 앞에
햇살, 몸 잘라
한 움큼 뿌린다

검지도 희지도 않은
산빛의 유희에
천무天舞를 따라 한다.

병病 어르기

너와 더불어
살으라니
나물 먹고
바람 먹고
산에 살라 한다
예고 없이
무단 침입해
주인 행세하는 너를
데불고 살으라니
내 몸도 천근인데
이왕 한 이불 쓰려거든
다이어트하려무나
어쩔 수 없이
우리 한 몸 이루었지만
너와 나
영과 혼은
하나일 수 없지.

감

지나던 바람
차마 떠나지 못하는
마른 횃대의 가슴앓이

청사초롱 불 밝혀
무명을 깨우는 너는
누구를 위한 서정抒情인가

한 백년 기다려도 오지 않을
달빛 시린
사무침의 끝자락이여

세월 부여잡은
늘어진 팔에
낡은 의식은 스러지며
이승을 넘는다.

가을 들녘이 운다

햇살 하나
식탁 위를 뒹굴며
서러워한다

주발에 매달린
또 하나의 밥풀
미치도록 울어대고

무쇠솥 목덜미에
앙당그린 목숨들
살고픈 욕망은
담쟁이보다도 질기다

인고의 들판에서
천둥 번개로 울다가
쓰러질 듯 일어서던
지난 여름의 사연들

입 벌린 개수대로
곤두박질치는 아—
저 들녘의 공허로움이여.

이사 가기 전날

웃고 울고
더불어 정든
세월의 더께
이제는 헤어질 때

칭얼대는 세간살이
하나 버리니
둘은
웃으며 떠난다
대문 앞은 만물상

묵은 이야기들
어깨 겨누며 수군거린다

나는 어디로….

물레방아

순이
아버지, 아버지의 아버지가 낳은
보물
열두 식구의 대들보
가쁜 숨 헐떡이며 쿵덕쿵

정겨움에 마음 풀고
떨어지는 물줄기에
덜커덩 덜커덩 노래하며 춤춘다

풍년이면
껄껄껄 덩더쿵
흉년이면
스르륵 스르륵
한 싣고 쉬임없이 돌아가는

따스한 눈빛 속 물장구치던 순이
세월의 무상함에 잊혀질까
보랏빛 저녁놀이 손짓한다.

애기똥풀

푸른 산 맑은 물
고향이 좋아
내려온 아기별 들

산이 좋아 산에서
들이 좋아 들에서

아기작 아기작
발자욱마다

노오란 배내꽃
'응가'꽃

일몰

주고 또 주어도
아프지 않은 온 누리

사랑이
지팡이로 헤매고 있어
등불을

벌레 먹힌 꽃잎의 서러운 이야기에
이글이는 심장
떼어 준다

상아빛 척추, 골수와 정까지
이식한 애가애가哀歌愛歌가
시트 위에
누워 있다.

제5부

시래기의 독백

계절이
동면 깊숙이 떨어져도
죽어 다시 살아 살빛 서원함은
당신을 향한
손끝 수더분한 향기이기 때문입니다

그루터기는 살아 있다

장마가 할퀴고 간 개천가
푸르고 질긴 잡초들
뿌리째 뽑힌 허망한 자리
황토만이 어지럽다

새싹 물고 올 이
어디쯤일까
사랑은 끝난 것인가?

노여움, 비난을 삼킨 대지는
고요히 귀 기울여 매를 삼키며
검은 불신의 날개를 찢는다

보이지 않는 손의 은밀함
무한이 이어지는 온전함이여
생명의 빛 가득한 묵시에
우매자는 머리를 조아린다.

밥 먹었니

임종 소식에
사백리 길
단숨에 달렸지요

하얀 보료 위엔
날지 못한 백학
날개 접는 모습에
애절히 부른다
어머니!

기름 다한 등잔불에
온기는 내리고
그믐달 같은 입술의
떨림의 말씀은

"나는 괜찮다
밥 먹었니."

삼백예순 날 듣던.

시래기의 독백

푸른 가슴
시리도록 하얀 순수로
당신의 유혹을 받아들입니다

화려한 날들 순간에 묻혀
버려질 이름에 아파할 때
가없는 소망을 주셨습니다
오늘은 노을빛에 지줄대다
기나긴 밤으로의 여행을 시작합니다

피어나리 피어나리
쉼 없이 불어오는 그 숨결
곰살스레 내리는 햇살에
순금처럼 정갈하리

계절이
동면 깊숙이 떨어져도
죽어 다시 살아 살빛 서원함은
당신을 향한
손끝 수더분한 향기이기 때문입니다.

오늘은

청제비 돌아와
낡은 창 두드린다

내 어머니
가슴 여신 날
우주에 점 하나 떨어진

문 열고 들어서는
청춘 살라 아깝잖은
늘 푸른 버팀목들

아름다운 향연에
가슴 붉은데

울 엄마
절구엔, 서 홉 쌀
김 오른 백설기로
저만치 서 계시다.

오지 않는 우체부

호롱불 밝혀 놓고
한 맺혀 불러보는
반백년의 노래

동토의 소인 찍힌
낡고 바랜 엽서 한 장
허리춤의 보배련가

열린 사립문에
고향 소식 걸어 놓고
들뜬 문풍지는 우는데

서러운 황혼녘
눈물 젖은 소맷자락 마를 날 없어
요원한 임 오기만 기다린다.

마지막에도 부를 이름
-어머니

산천을 베어간
붉은 칼날 앞에
저항할 수 없이 떠나옴은
품어 줄 어린 새들 있음이라

빛줄기 구슬픈
설은 땅 밟은 날은
가진 것 없어도
하늘이 개인 날

빼앗긴 고향 그리워도
차마 말 못하는
기다림의 생애 밑둥치엔
도도히 흐르는 강물이어라

자식 위해 간절한 소원
몰아치는 눈, 빗속에서도
검은 밤 지새우며
육신을 으깨시던
어머니!

그 정성, 눈물 빚어
당신이 주신 날개로
설익은 진주는
오늘도 찬란한 자유 아래
갈망의 한 단을 깃습니다.

유산遺産 · 1

총알이 비로 내리던
죽음의 계곡에 푸른 잎 돋아도
피난간 사람 돌아오지 않네
젖은 아궁이 울음소리
노구의 헛기침에 썰물로 밀려
갈퀴 꽂은 헌 가마 이고
어머니
산에 가신다

서산에 해는 져 부엉이 울어예고
무덤의 시간은 날개로 날아
긁어 모은 잔솔 잎
무정한 바람이 물고 갈제
벼랑에서 온힘 다해 일어서는 강인함
허물어질 수 없는 모성
땀방울로 얼룩진
땔감 끌어안고
목 놓아 부르는 천지신명이시여, 천지

유산遺產 · 2

1948년 6월 어느 날
다섯 살 깡마른 계집아이
빗줄기 쏟아지는 홍천 난민수용소
천막 속에
한 손은 주린 배 움켜쥐고
한 손에는 퉁퉁 불은
밀알 한 줌이 한 끼 식사
한 입에 털어 삼켜
바닥에 흘린 것 주워 들고
엄마 그릇 낚아채
또 한 입 꿀꺽
휑한 눈 크게 뜨고
두리번거릴 때
어머니 눈에 흐르던
그 눈물
세월의 강으로
영원을 흐른다.

소금을 볶다

달구어진 팬fan 위에
백태 낀 교만을 태운다
똬리 튼 아집이 부서진다

거센 불길의
무너지는 욕망의 숲
헛된 영혼의
간절한 울음이다

그대 향한 길이라면
마지막 신음까지도
한 방울의 피마저
주저함은 없으리라

어둠이 지나
여명이 홰를 치듯
순백으로 거듭나는
온전한 순수가 되리라.

기도

갈증에 허덕이는 어린 화초에
청수를 준다

메마른 흙에 부황 든 얼굴
거처 옮겨 매만지고

어둠의 벽에 갇힌
냉기 머문 곳
따스한 바람을 모은다

상처 어루만져
묘약 발라 싸매 주고
마음의 눈맞추리

허튼 마음으로는
어린 꽃 사라져요
무딘 손이라
쉬운 일 아니지만
할 수 있게 하소서

고추잠자리

고층 아파트 유리벽
어릴 적, 그
새빨간 고추잠자리
노크한다

어, 어떻게 찾았지
들어와, 나야
조그만 까만 눈이 윙크하며
센 머리 위에 앉는다

'갸우뚱'

한 바퀴 빙 돌아
저고리 섶에 날개 접다
바르르 떨며
훅, 날아간다

때 많음을
들키고 말았구나.

첫사랑

제비꽃 잠든
붉은 담장 아래

마주보지도 못하는
발갛게 달아오른
두 얼굴

달빛에 젖어
고개 떨구고
한마디 말도 못하는 수줍음

잠을 깬
개구리들의 합성이
사랑의 세레나데로 들리던
그
시리도록 아름다웠던 밤.

매미

땅 밑 어둠 속에서
수액 뽑아 그린 오선지 위에
빛 다다를
그날 기다리며
긴 세월의 인고가 산다

뜨거운 계절을 득음으로
선대로 이어온
단명의 비가悲歌
자오선 그 너른 하늘 우러러
온종일 가슴을 치며
명명한 떨림의 노래를 한다

천리天理를 알기에
잠시 왔다 가는 바람처럼
이슬만 삼켜
둥지 한번 탐냄 없이
순명을 반추하며
또 그렇게 청빈의 혼으로
떠나가리라.

꽃반지

꽃반지 만들어
끼워 주던 님아
푸른 풀밭엔, 꽃
눈이 부시고
멧새들 노랫소리
석양을 울리네

일곱 보석 고이 박아
끼워 준다던
하늘 건 약속
귓가에 맴도는데
고왔던 손가락
잔주름만 쌓였네

그리운 이여
어디로 갔나
돌아갈 수 없는
애섧은 마음
새하얀 꽃밭에서
그대를 보네.

한恨

아흔 살 오 영감
북녘 하늘 베개 베고
마지막 숨
몰아쉬며 하는 말
'내, 내 손수건'

끝내 못다 먹은
주먹밥 한 덩이
고이 싼 손수건
붉은 꽃이 피었네

오매불망 꿈길 따라
육십여 년 가던 길
해도 달도 빛을 잃어
두견새 슬픈 울음에
하늘도 잠들었나

만나자던 섶다리
헤어졌던 섶다리
하얀 웃음 흘리며
바람에 실려가는 넋.

혼의 노래
–금강산 관광

아버지 등짐에 얹혀
피난민 대열에서 울던 아이
긴 세월 아버지 흘린 눈물
가슴 보자기에 담아
낡은 사진 한 장 들고 고향 간다

같은 글, 같은 노래, 같은 맛 느끼는
백의의 내 형제 손 흔들며 반긴다

신비한 베일에 싸여
토혈하는 금강산
일만이천 병풍 아래 장전항 호텔방
깊은 밤 울리는 떨림의 소리
바람도 숨죽이고 달빛도 빛을 잃네

"정든 집 정든 사람 남겨 두고 떠난 이 몸
허리 잘린 두 동강 운명의 장난에
육십 년 한 맺힌 눈물의 세월
꿈에도 그리던 그리운 고향산천
돌아왔네, 돌아왔네, 나 돌아왔네
어버이 주신 몸 백골은 타향에

혼백만이 돌아왔네
그리운 임이여 이내 소리 들리는가
목메어 부르는데 어이 대답 없는고
장전항 파도소리 님이 보낸 화답인가"

낡고 바랜 사진 위에 떨어지는 한 방울은.

수치

TV 화면, 대리석 기둥 사이
넥타이들
하얀 거품 물고 멍멍 컹컹
멱살 잡아 밀며 당기더니
꽝,
반도 쪼개지는 소리

두 살짜리 아기
거실에서 볼일 보다가
눈이 부딪치자
방으로 들어가라 떠민다

황금 향료 받으려
바지 끌어내리는 손과
끌어올리는 고사리 손
내 바지, 으아앙
반도에 몽우리 터지는 소리

동시에 전개되는 두 편의 드라마.

난지도

거친 비 강물을 깨우더니
사정없이 침노한다
이불보 등걸진 피난 행렬
학교는 판자촌 유랑인의 거처

물이 무서워
모두가 떠나던 날
삶의 잔해들 유물로 남아
토해낸 악취에
하늘마저 잿빛이라

가의 없는 사랑의 손
쓰레기에 불꽃 피워
등불 밝히고
평화의 나래 짓에
철새들 돌아오니
은깃털 억새꽃 살풀이 춤춘다

퍼치는 함성 지구촌 물들여
시민의 뜨락으로 에덴을 꿈꾸는데
이불 지고 학교 갔던
지훈, 용훈이는
지금쯤 어디서 무엇하고 있을까.

천수답天水畓

가진 것 하나 없는
내리 머슴집은

벼랑 끝 천형의 땅에
생명줄 걸어 놓고
구름 너머 먼 산을 본다

산두 벼 석 섬의
가을 풍경에
억새날 갈라지는 거북등

바위덩이 들어내도
솟지 않는 한 방울

낮게 엎드리어
님만 바라보는
가난한 민초.

■평 설■

나뭇잎의 떨림, 스치는 바람의 젖은 소리

−김성자 첫 시집 〈멈춤이 없는 弦〉의 詩世界

鄭 光 修

(詩人 · 文學評論家 · 海東文學 主幹)

(1)

해동문협 시낭송 모임에 참가해 오고 있는 김성자 시인이 사무실에 찾아와 평론을 부탁하기에 우선 시집을 내게 되었다니 축하한다는 덕담과 더불어 시집 해설은 아무나 하는 게 아닌 것이, 권위 있는 분이 써야 그 시집도 권위가 붙고 또한 남들도 인정하는 만큼 좋은 평자를 소개해 준다고 말하면서 옛날에도 신도비를 찬하는 이는 통정대부 이상(堂上官)이 하는 것이지 글줄이나 쓴다고 아무나 하는 것이 아니라고 거절을 했더니, 그간 필자가 쓴 논문이나 시집 해설한 것을 읽었고 또한 자신도 알만한 평론가, 시인도 있지만 꼭 필자의 평을 받고 싶다고 함으로 더 이상 거절하지 못하고 해설을 쓰기로 했다.

우선, 해설 제목을 〈나뭇잎의 떨림, 스치는 바람의 젖은 소리〉라고 붙였다.

김성자 시인은 '시인의 말'에서… 사남매 뒷바라지를 마치고 나니 갑자(甲子, 환갑)가 지났고… 그동안 가슴 속에 꿈꾸워 왔던 시심(詩心)을 다독여 고희 문턱에 남은 한 자락을 이어가면서 하늘에 고인 눈물의 의미처럼 나뭇잎의 실체의 떨림을, 스치는 바람의 젖은 소리 그 아늑함으로 나를 통한 그들의 이야기…라고 쓴 것을 읽고, 거기서 제목을 따온 것인데…. 이 구절만 보고도 아, 좋은 시인이구나 하고 가슴이 찡해 오는 것이었다.

이만한 시인의 시 해설을 쓰는 것은 참으로 즐거운 일이기 때문이다.

19편씩 5부로 나뉘었는바, 굳이 19편씩인가를 저자의 뜻이 있겠지만 95편의 시가 모두 수준을 같이 하고 있어 지난 20여 년간 전문 문학지를 편집해 온 필자로서는 이런 좋은 시인이 왜 이제까지 빛을 못 보았는가를 다시 한번 생각케 하였다.

이런 좋은 서정시가 예우를 받지 못하는 까닭은 평론가들의 잣대도 문제이긴 하지만 그 알량한 '시대정신(?)'이라는 것도 큰 문제인 것은 남북이 대치해 있고 정치판이 묘하게 돌아가면서 감옥갔다 온 정치꾼들이 시대를 주름잡는 난세이기 때문에 투쟁(?)하지 않고 서정시 쓰는 시인을 눈여겨보지 않는 까닭이요, 그들은 시인도 이북에 갔다 오고 부르짖는 목소리 큰 정치선전 삐라 같은 시(?)를 쓰는 시인들을 신문에 대서특필하면서 대접을 해주는 듯하니까 줏대머리 없는 이들은 유명해 지려고 그를 흉내를 내다보니 문단 일각은 무너져 버리고 마는 행태가 된 것이 아닌가 하고 씁쓸한 생각을 하게 된다.

어떤 유명 평론가는 서정주의 〈국화 옆에서〉를 일본 천황을 찬양한 친일시라고 우겨대는데 그걸 동조하는 이들도 있지만 이런 것들도 한국문단의 난맥상인 것.

얘기가 샛길로 들었지만 누누이 말하지만 시인은 그냥 시 쓰는 것으로 애국자인 것, 가령 역도선수가 그 무거운 역기를 번쩍 들면(금메달) 애국자이지 역기를 번쩍 들고 누구누구 만세를 불러야 되는 것이 아니지 않는가.

김성자 시인은 늦은 연치에 등단하여 고희를 맞는다.

구름 위에서 내려
흐트러진
매무새 여미고
한 치씩 자르리

―〈고희묵상〉 전문

설명이 필요 없겠다.

70 평생을 살아온 인생을 이렇게 간결하게 표현해 낼 수 있는 김성자 시인은 서정시의 대가가 분명하다.

시라고 하는 것은 위 〈고희묵상〉처럼 간결한 곳에 깊은 맛이 있다. 이것을 일컬어 격을 얻었다고 말할 수 있겠다.

분 바르고
머리 빗고

새 옷 입고
폼 재고
그 앞에 섰다

이만하면…

흔들린다
거울 속, 또 하나의 거울이
노려본다

내밀(內密)한 삿된 마음
하이얗게 질린다

—〈자화상〉 전문

위 〈자화상〉도 설명이 필요 없겠다. 설명하면 격이 떨어진다.

표제 시 〈멈춤이 없는 弦〉도 읽어보자.

바닥으로
안개 자욱한
샛강이 흐른다
그것은 잊었던 기억의 긴 밀월여행이다

여름날의 투명했던 노래는 먼 여정 돌아
녹슨 살을 뚫어 흔들고
설산을 넘은 바람은 빼피리를 불며 온다

둥둥 풍물소리 멀어졌다 잦아졌다
무색무취, 무형의 유령 같은
비행의 몸짓

쏟아지는 빗줄기에 우수는 쓸려

작은 공간 속 장강으로 흐르는
멈춤이 없는 弦이여.

—〈멈춤이 없는 현(耳鳴)〉 전문

위 〈자화상〉을 산문으로 풀어쓴다면 이 '이명(耳鳴)'이 딱 들어맞는다. 서정시의 중요한 특징은 내적 세계와 외적 세계를 서로 연결시키는 능력이다.

시인을 탁월한 상상력의 소유자라고 하는 말은 그 가치를 잘 구현한다는 말이다. 그러므로 상상력은 '신여물유(神與物游)'처럼 인간과 세계의 아름다움을 발견하는 일이다.

즉 한 감각체험에서 동시에 여러 감각기관으로 그 체험이 전이되고 여기서 사상과 감정이 분리되지 않는 묘한 공감각(共感覺)의 능력을 알 수 있게 된다.

그러므로 동일성이란 현실의 삶에 밀착된 하나의 가치개념이다.

더구나 객관적 상실과 자아상실의 소외와 분열의 상태에서 고희를 살아온 김성자 시인의 〈고희묵상〉, 〈자화상〉, 〈멈춤이 없는 현(이명)〉 등 3편만으로도 저자의 시 해설은 다 끝이 난다.

하지만 또 다른 시도 읽어보자.

가을이 옷 벗는 소리
행여
내 님일까

고운 우산 받쳐들고

맨발로 나섰거니

스산한 거리에는
나뭇잎만 나부끼네

속삭이는 빗속에
추억은 흔들리고

호접 한 마리 날지 않는 정원에
차가운 달빛만이
소리 없이 흘러드네

―〈가을비〉 전문

가을이 옷 벗는 소리 / 호접 한 마리 날지 않는 정원에 / 차가운 달빛만이 / 소리 없이 흘러드네 //

위 시 구절은 참으로 절구(絕句)이다. 자아가 세계의 일부가 아니듯이 이 시 속의 모든 사물도 자아의 일부분이 아니다.

훗설의 사물과 의식과의 지향성으로 풀어보면 우리의 의식체험의 지향체험(志向体驗)이라고 말했는데, 이것을 노에시스(Noesis)라고 불렀던 것은 지향적 상관자로서의 노에마(Noema)라고 하는데, 이것은 우리 감각기관에 주어지는 물리적이고 실제적인 사물 그 자체는 아닌 것이 감각여건을 초월해 있는 관념적인 것이니까 노에마는 실제 사물의 의미 내용이며 의식에 내재하는 것으로 봐야 한다.

체험이란 그러니까 주체와 객체의 상호작용의 여러

현상인 것이다.

또 한 편 읽어보자.

빼어난
줄기 속에
옥비녀 사뿐히 꽂혀 있다

살포시 다문 입에
우주는 숨어 있어
님 그려 터질 듯

배시시
네가 웃는 그날

태초의 비밀
향으로 피어나리.

―〈난〉 전문

'난'을 노래한 거간의 그 어느 누구의 시편보다 월등하다. 난을 물끄러미 바라보며 우주를 보고 또한 난향(蘭香)을 맡는다.

교감조응(交感照應)하는 것, 난을 보면서 님을 그리워하면서 터질 듯한 상념은 우주로 통하고 이어 그 마음은 비밀스런, 그것은 향으로, 다시 말해 만상의 속살거림에서 향기로 색채로 때로는 소리로 듣는다.

이 말은 '난'으로 표출된 주제가 상징적 이미지들의 자주적이고 독창적인 특질, 병행된 유사성(Parallel analogies)의 맥락으로 본다면 비유와 은유에 근거하고 있다고 볼 수 있겠다.

난은 침묵하고 있지만 시인은 그 침묵 속에서 이상미(理想美)를 보게 되는 것이다. 그 말은 현상세계의 상징(simbol)을 통해서 비로소 보게 되는 경지인 것이다.

된서리가 너의 몸을 매질할 때 / 불꽃 같은 사랑 / 하얗게 익어지더라 //
마른 넝쿨에 매달린 / 창백한 얼굴일 때 / 너는 구름 벗어 빛으로 / 내 안을 품었더라 //
하늘 아래 꽃이었다가 / 한때는 달이었다가 / 지금은 화안한 웃음이더라 //

—〈달과 박〉 전문

시골에서 박 덩굴을 눈여겨 보는 달밤의 풍경을 읊은 시편이다. 서리 지나고 박들이 달빛에 허옇게 비추이는 시골 풍경이다. 그 박은 하늘 아래 꽃이었다가 아예 달이었다가 지금은 화안한 웃음이라고 읊었다.

하늘에 떠 있는 달은, 천체로서의 달은 예나 이제나 실재하는 객관적 사물이다. 그 말은 시인의 의식과는 아무 관계가 없는 시인의 의식을 초월한 실체인 것이지만, 위 〈달과 박〉에서는 달이 단순한 객관적 사물이 아니라 시인의 지향적 상관자로서의 노에마로 존재하는 달이다.

'달'이란 노에마는 달의 존재에 대한 재인식으로 사무친 그리움으로 다가온다. 그리하여 노에시스에 이르렀다고 보여진다.

김성자 시인의 직관과 비전은 사물에 지향했을 때 단순히 형식적으로 물질적으로 존재하는 달이 아니라 시인을 위해 존재하는 객관화된 추상화된 사물이 된 것이다.

온몸 사르어
한 생을 살고
함지(咸池)에 머문다

혼신을 다해
마지막 빛살 당겨
산천에 불꽃 핀다

천지간 물, 다
퍼 올려도 끌 수 없는

영원한
성화(聖火)

—〈낙조〉 전문

함지(咸池)란 해가 진다고 하는 서쪽의 큰 못으로 상상의 못이다. 우리나라 사람들은 저승을 가는데 황천강을 건너가지만 서양 사람들은 에텔의 강을 건너 저승에 간다.

한국 설화에는 황천강(黃川江)을 건너 저승에 가면 염라대왕의 심판을 받고 다시 돌아오기도 하는데, 희랍 신화에도 그 내용은 비슷하다.

김성자 시인이 〈노을〉을 보면서 '혼신을 다해 / 마지막 빛살 당겨 산촌에 불꽃 핀다'고 읊었는데 노을이 질 때 그 빛나는 광경을 참으로 잘 묘사하고 있다.

인간의 고통이란 태어나기 전에도 죽고 난 뒤에도 존

재할 수 없는 존재로서의 통시적 고립과 이승의 삶 가운데에서도 오직 하나밖에 없는 유일무이한 존재로서의 공시적 고립의 자기인식이 있다.

그러한 비극적 자기인식의 고통을 벗어나기 위해서 인간은 자기자신과 유사한 것을 찾아 인격화시킨다고 말들 한다.

이것을 동일성이라고 말하는 바 인간의 죽음은 태어남과 마찬가지로 자연의 냉엄한 질서이니까 이러한 질서 앞에서 인간은 허무한 존재인 것이지만 그래도 한 인간이 추구하는 '사랑'이란 참된 추구가 마침내는 종교처럼 있을 수 있는 필연성이 발생한다는 것이다.

김성자 시인의 경우, 모든 시편이 알고 보면 그 '사랑'을 깔고 읊은 것이다. 사랑의 추구가 종교가 되는 이유는 시인들은 하나의 목숨에 또 하나의 나(자아)를 설정하고 구원의 가능성을 찾는 일이다.

그러나 우리는 그것이 비극적 자기인식과 허무의식에서 비롯되고 있음을 안다.

그러므로 문학, 철학, 종교, 역사가 다 허무한 것이지만 그 '사랑'이라는 것이 자아와 세계가 둘이면서 하나(일체)가 되는 것이어서 인생은 계속되고 있다는 것이다.

해 지는 언덕에
무연히 앉아 있는 노인

성큼 걸어간다
파르르 열리는

꽃 속으로

노인을 품 안은 꽃
그림자를 묻는다

구름이 앉았던
꽃 진 자리에
순박했던 세월이
붉은 망자로 누워 있다

예전의 그 언덕엔
꽃은 지고
천고千古를 이은
노을만이 붉더라.

—〈꽃과 노인〉 전문

상상력(imagination)은 종합의 능력이요 동일성의 지향이고 가치 중시인 것인데, 시인에게는 자아와 세계가 조응(照應)하는 상상적 관계가 있어 결국 자아와 세계가 조화를 이루는 일체감이 있어 이것이 세계관이며, 이것이 시정신이다.

그러니까 앞서 말한 동일성은 상상력에서 기인한 것이므로 자아와 세계의 동일성은 시인이 상상하고 갈망하는 고향인 것이다.

'노인과 꽃'을 통하여 노인은 곧 꽃이 된다. 꽃은 노을이다. 다시 말해 천일합일(天一合一)의 정신이다.

천일합일의 경지는 서정적 자아가 본연지성(本然之性)일 때 가능하다.

본연지성은 기질지성(氣質之性)과는 반대되는 개념

으로 이러한 이(理)와 기(氣)는 서로 보완하고 있음인데 이(理)는 동일, 통일 보편화의 원리라면, 기(氣)는 차별, 분별 등 특수성의 원리임으로 보통 본연지성을 서양의 서정적 자아로 설명하는 것인데, 그 서정적 자아라는 것은 객관도 주관도 아니고 소위 이성(reason, 분석능력, 차이성의 중시, 量重視) 쪽의 이, 즉 본연지성이 곧 서정적 자아의 원형이라고 말하는바, 그 서정적 자아는 객관과 맞서 있는 주관도 아니고 이성과 맞서 있는 감정도 아니라면 주관과 객관, 이성과 감정의 구분이 일어나지 않은 상태일 터이다.

그러니까 세계와 접촉해서 세계를 자아화하는 게 아니라 세계와 접촉하지 않고도 존재하는 자아라는 이론을 생각해 본다면 김성자 시인의 위의 시 〈꽃과 노인〉은 천일화합(天一和合)의 경지요 미적 정서로 성공한 작품이라고 자신있게 말할 수 있겠다.

성실하게 자연을 추구한다던가 자연으로서의 존재 추구를 쉘러(Schiller)는 소박한 시인으로 개념지었는바 오늘날 최고의 문명시대에는 어울리지 않는 패턴이긴 하지만 그러나 기질지성의 경우 분별과 대립, 갈등을 추구하여 자아와 합일을 추구하게 되는데 그러한 방법으로는 동화(assinailation)와 투사(projection)가 있는데 모두 자신을 상상적으로 투사하는 것으로 감정이입에 의해서 일체감을 이루도록 하는 것, 이것을 우리는 동일성이라고 하는데 김성자 시인의 〈노인과 꽃〉에서 동일성을 획득하고 있음을 본다.

액자 속 작은 잔영의
신음소리 들었는가

영욕(榮辱)의 더께 위
하얀 밀어
눈부시다

죽어 다시 핀
또다시 사루어 피는

어우렁더우렁
홍진(紅塵)의 슬픔
어른다

가난한 날의 수인(囚人)은
발자국 남길 수 없으니

—〈눈은 오는데〉 전문

사진(액자) 한 장을 보면서 신음소릴 듣는다. 그 옛날 화려했던 시절이 떠오르고 젊은 날이 떠오른다. 홍진(紅塵)의 슬픔, 결과적으로 어려웠던 옛날을 회억하는 시이다.

액자 속 잔영들은 자신의 의지에 따라 자아화하는 것이 아니라 세속에 영합하지 못하는 비애를 투사시킨 것으로 보여진다. 즉, 액자 속 사진과 자아와의 동일성을 이룩한 것이라고 보아야 한다.

다시 말하면 세계 속에서 자아를 발견하는 방법일 터이다. 그러한 방법은 동화든 투사이든 자아가 세계와의 관계에서 소외되거나 초월하지 않고 연속되어 있는 것이고, 이런 경우와 앞서 말한 서정시의 기본 패턴으로 잘 승화시킨 작품이다.

(2)

김성자 시인의 시집 〈멈춤이 없는 현〉은 고희를 맞아 상재하는 첫 시집이다. 평생 자녀 뒷바라지를 하고(4남매가 모두 훌륭한 인사가 됨),…나는 누구인가, 아직도 속 깊이 분출하고 있는 것은 과연 무엇인가. 이렇게 생각하고 여러 선생을 찾아 시와 수필을 공부하고 큰마음 먹고 시집을 내어 문단에 알리려는 것이다.

필자는 고희를 맞는 이러한 아름다운 정서를 가진 노여류 시인에게 즐거운 마음으로 95편의 시를 몇 번이고 읽고 또 읽은 결과 결론은 ① 21세기에 모더니즘→포스트모더니즘→후기 현대적→모더니즘 이후, 거기에 구조, 해체, 아방가르드에 이르기까지 시는 없고 이론만 번성하여 시문학 예술이 아니라 이론적으로만 세상을 시끄럽게 하는 이 시대에 정확히 말하면 1920~30년대식의 서정시에 대하여 평설을 쓰매 극한으로 갈 대로 간 아방가르드 시대에 어떻게 하면 김성자 시인의 시를 시답게 해설할까에 대한 고민 끝에 동일성의 시론을 잣대로 해설을 했다.

동일성이란 통시적으로는 '변화'를, 공시적(共時的)으로는 가치개념인바 변화와 갈등은 현대인에게는 체험양상이 나와 세계의 격심한 변화를 체험하고 따라서 나와 자신과의 관계에서도 소외와 갈등을 통해서 변하는 것과 변하지 않는 것과의 일체감을 통해서 하나의 이념처럼 큰 의의를 갖는 동일성의 이론에 맞추어 보았는바, 비평개념으로 적절하다는 생각으로 살펴본 결과, ② 서정시로써 격을 얻었고, ③ 아름다운 언어의 조탁으로 탁월한 상상력으로 가치를 잘 구현하였고, ④ 공감각의 동일성을 획득했으며, ⑤ 지향체험으로서의 상징적 이미지로서의 이상미를 건져냈으며, ⑥ 사랑의 추구로 자아를 설정하고 구원의 가능성을 보여주었다고 평설하였다.

뒤늦게 문단에 들어와 깔끔한 격조있는 좋은 시편을 보여준 김성자 시인의 고희를 진심으로 축하하며, 더욱 더 정진, 다음 팔순(傘壽) 때는 한국 서정시의 대가가 되길 바란다.

필자는 황진이나 부용이나 매창 등 그러한 옛 여류시인들의 얼굴을 그려보면서 가슴 뿌듯하게 옥색치마에 모시적삼 걸치고 달밤에 정원을 거닐며 산책했을 김성자 시인을 상상하며 대성을 빌어드린다.

멈춤이 없는 현

초판 1쇄 인쇄 | 2012년 8월 10일
초판 1쇄 발행 | 2012년 8월 15일

지은이 | 김 성 자
발행인 | 윤 영 희

발행처 | 도서출판 동행
출판등록 | 제2-4991호
주 소 | 서울시 중구 을지로 3가 302-18 난빌딩 303호
전 화 | 02-338-2734, 2285-0711
팩 스 | 02-338-2722

정가 8,000원

ISBN 978-89-94227-56-6 03810